DU MARIAGE

DE

NAPOLÉON II.

AVEC

LOUISE-MARIE-CHARLOTTE,

PRINCESSE D'ORLÉANS,

ET

DES CONSÉQUENCES DE CE MARIAGE POUR LA FRANCE.

Prix : 75 c.

PARIS,

L'AUTEUR, PASSAGE DU SAUMON, MAISON N. 6,

ET LES MARCHANDS DE NOUVEAUTÉS.

1830.

DU MARIAGE

DE NAPOLÉON II

AVEC

UNE PRINCESSE D'ORLÉANS.

Que ferons-nous de tous ces prétendans au trône de France? Encore une dixaine d'années, et beaucoup d'ambitions seront mûres, beaucoup d'espérances se grouperont autour de ces héritiers, légitimés l'un par la gloire militaire, l'autre par la sainte ampoule de Clovis, l'autre par l'élection du peuple. Le duc de Reichstadt, le duc de Bordeaux, les jeunes princes de la famille d'Orléans, dans quelques lustres représenteront des opinions, des intérêts.

Drôle de nation que la nôtre! elle parle de la liberté comme de la condition *sine quâ non* de la vie politique ; elle pousse à la liberté de toutes ses forces , et, cependant, elle bâtit des royautés de toutes les espèces en idée, elle se récrée à se faire des rois ; elle se délasse des fatigues de la fusillade, des abstractions, des théories politiques, de l'uniformité de la polémique du journalisme, en drapant du manteau royal tel ou tel débri de ces dynasties que nous sommes habitués à voir passer rapidement à cette grande hôtellerie du Carrousel, où l'on dîne de la liste civile.

Pourquoi toutes ces combinaisons, ces arrangemens de trône, que chacun rêve à plaisir ? C'est qu'avec les besoins que nous donnent le luxe et la civilisation actuelle, les affaires de royauté sont une loterie où chacun espère gagner quelque lot : des places, des emplois, des sinécures, des portefeuilles, des bureaux de tabac ; il y a de quoi alimenter toutes les espérances, de quoi faire travailler les imaginations de tout étage.

Hé ! mes chers Français, nous avons un roi populaire, élevé à l'école de l'adversité, chéri, respecté des souverains de l'Europe, ami de toutes nos gloires de la république et de l'empire, un prince en qui toutes les nuances d'opinions peuvent trouver un titre à l'adhésion, contentons-nous-en, et une bonne fois cessez de composer à part cette comédie, où suivant la diversité des spéculations, l'imagination met en scène, fait agir à son gré les rejetons de nos dynasties jeunes et vieilles !

Voilà maintenant que l'on songe au mariage de Napoléon II, à le doter d'un tout petit trône. Lequel lui donnera-t-on? La diplomatie bourgeoise n'est pas en défaut; hé! parbleu! n'y at-il pas là-bas, tout au bout de l'Europe, une couronne que l'on a offerte à Gustafson de Suède, à Léopold de Saxe-Cobourg, et à je ne sais combien d'autres rois surnuméraires? Cette couronne est petite, pauvre, il est vrai, et bien minime en comparaison de celle que sénateurs, présidens, poètes et autres thuriféraires, promettaient au nouveau né impérial, en 1811, dans leurs félicitations et leurs odes classiques, lorsque M. Davrigny s'écriait :

> Qu'il naisse cet enfant digne de soutenir
> Et le poids de son nom et le fardeau du monde,
> Cet enfant de l'Europe, en qui de l'avenir
>   Déjà l'espérance se fonde ;

Lorsque ce bon M. Michaud, qui chevauche saintement en Palestine, sans doute pour obtenir la rémission de ses palinodies, disait :

Renouvelle tes chants, riche et belle Ausonie ;
Peuple de Romulus, noble cité de Mars ,
Levez-vous, saluez l'héritier des Césars !
Du grand Napoléon il aura le génie, etc.

M. Casimir Delavigne, poète de la liberté ,
et qui s'appelait Casimir de la Vigne alors qu'il
était poète suivant la cour, prophétisait ainsi
qu'il suit dans ce temps-là :

O vous, peuples heureux de ces heureux rivages,
O vous dont sa naissance a comblé tous les vœux ,
Goûtez un bonheur sans nuages,
Qui doit s'étendre un jour à nos derniers neveux.
Banissez la crainte importune ;
Par un vent favorable en son cours entraîné,
Le vaisseau de l'Etat , de gloire couronné ,
Porte César et sa fortune.

Enfin, il n'était pas jusqu'à Martainville qui
n'eût rimé de sordides louanges à un écu le
vers, dans des chansons de la force de celle-ci :

De l'invalide j'entends le canon,
Pon, pon, pon, pon, pon, pon,
Ratapon,
C'est un garçon (*bis*).

Et après avoir tâché d'agrandir l'univers pour
aviser à la possibilité d'y loger Napoléon II, le

reléguer en Morée avec l'empire de quatorze petits départemens, dont la population ne vaut pas celle de l'un des nôtres !

Mais, en 1811, durant les jubilations de tous ces thuriféraires qui mordaient ou cherchaient à mordre au budget de l'empire (lequel, par parenthèse, ne s'élevait pas au milliard comme de nos jours) on baptisait à petit bruit, à Palerme, une princesse à laquelle personne au monde ne fit alors attention, pour laquelle aucune lyre ne fut montée, aucune députation ne se mit en frais d'éloquence laudative. Elle était née de la princesse Amélie et d'un Louis-Philippe, qui jadis avait assez bien combattu à Valmy, à Jemmapes, mais qui chérissait alors son obscurité et ne cherchait pas à en sortir.

C'est à cette même princesse si ignorée, que l'héritier du monde, que le souverain de l'univers napoléonien, serait bien heureux de s'allier aujourd'hui !

D'honnêtes bourgeois que rien n'arrête, ont de leur autorité privée chargé le général Belliard, envoyé du roi des Français auprès de François, empereur d'Autriche, d'une galante proposition, c'est à savoir : d'unir par les liens de l'hyménée le jeune Napoléon à cette princesse, fille de Louis-Philippe, aujourd'hui roi des Français.

Ce sont ces mêmes gens qui, sans s'enquérir le moins du monde de l'adhésion des Hellènes, le couronnent, du coin de leur feu, roi de la Grèce.

Respect aux grandes infortunes! Je n'irai pas, comme M. Barthélemy, pour le plaisir de faire de l'opposition en vers, altérer la santé du duc de Reichstadt ; je me garderai bien de le supposer empoisonné, dans de chétives vues poétiques, comme le susdit poète, qui nous disait à son retour de Vienne :

Faut-il vous répéter un effroyable doute ?
Écoutez, ou plutôt que personne n'écoute :
S'il est vrai qu'à ta cour, malheureux nourrisson,
La moderne Locuste ait transmis sa leçon,
Cette horrible pâleur, sinistre caractère,
Annonce de ton sang le mal hédéditaire,
Et peut-être aujourd'hui, méthodique assassin,
Le cancer politique est déjà dans ton sein.

Mais je ne crois pas, de bien il s'en faut, le fils à la hauteur du père ; et pour peu que le sys-

tême d'éducation jésuitique de M. de Metternich ait eu de l'efficacité, Napoléon II pourrait
bien n'être pas même propre à gouverner les
quatorze petits départemeus de la Hellade et de
ses îles. Il y a auprès de lui un certain M. Dietrichstein, aux idées étroites, qui est vraiment
le Tharin de Napoléon II. Ce rococo par excellence règle ses lectures, qui sont pieuses. Le
duc de Reichstadt peut tout lire à peu près
comme on pouvait tout imprimer du temps de
Figaro, sous l'inspection de deux ou trois censeurs. Il voit par les yeux de ce bon M. Dietrichstein, il entend par ses oreilles ; il ne doit lire
que ce qui a été trié, expurgé par cette forte tête
de gouverneur. Pas un pli, pas une lettre, pas
une brochure qui puisse tromper la surveil-
lance de son cerbère, et parvenir jusqu'au jeune
prince. Son moral est si bien façonné, pétri,
repétri *ad majorem Dei gloriam,* qu'il s'em-
presserait de porter à son gouverneur tout écrit
qui lui arriverait par une autre voie que la sienne ;
il ne serait pas assez osé que d'y porter les yeux,
sans avoir au préalable obtenu licence de ce bon
M. Dietrichstein. On lui a fait accroire qu'il y
avait pour lui imminent danger à parcourir ainsi
nos livres ! Que sais-je ? peut-être le menace-t-on
de l'enfer ! Il paraît susceptible de croire à ces

billevesées', si nous ajoutons foi aux relations qui nous sont faites.

Voilà comme M. de Metternich veut tous les Autrichiens ! Il sait étendre les fers de la Sainte-Alliance jusque sur le moral des hommes ! le fils de Napoléon est l'Autrichien-modèle !

Les d'Orléans, s'ils résistent aux séductions et se préservent des piéges adulateurs de l'aristocratie financière, pousseront-ils au culte vrai et sincère de la liberté? Élevés avec nous, nos frères d'armes, nos condisciples, rois citoyens, leur éducation les fait déjà sympathiser avec nous. Point de cour pour les ceindre d'un mur d'airain. Point de thuriféraires pour les empester d'une atmosphère d'adulation. Sans doute, réalisant l'assertion du grand homme de nos jours, de l'ami de Washington, les d'Orléans continueront-ils d'être *la meilleure des républiques.*

Deux dynasties, la troisième et la quatrième sont ainsi aux portes de la patrie même'; elles ont de nombreux partisans au-dedans. Un jour peut-être elles solliciteront, heurteront à la porte. Nos pleureurs de tribune, les Hyde de Neuville, les Martignac, et *tutti quanti*, qui jurent avec restriction maintenant, qui répandent des larmes sur Charles X en raison de ce qu'ils émargeaient sur le budget, tous ces gens-là seraient prêts à tendre les bras à Henri V, s'il montait un jour à cheval.

Et l'autre parti ! Toute la littérature impériale, tous ces tartuffes du libéralisme, jadis chambellans dans les antichambres impériales, censeurs de Napoléon, préfets exécuteurs de ses décimations, tous ces gens dont la restauration n'avait pas voulu, et qui en raison de cela, avaient embrassé avec fureur l'idole de la liberté étonnée de se sentir étreindre dans les bras de gens la veille en' livrée; tous ces gens-là n'ont pas perdu le souvenir de leurs gros appointemens sous le consulat et l'empire ; aussi leur fidélité est-elle prête à les recevoir encore de Napoléon II,

> Si d'un père exilé renouvelant l'histoire ,
> Domptant des ennemis complices de sa gloire,
> L'usurpateur nouveau, de bras en bras porté,
> Entrait en souverain dans la grande cité.

Il faut presque se réjouir de l'abaissement moral de ces jeunes princes, d'ailleurs dignes d'intérêt comme enfans. Notre civilisation en est venue au point que c'est une guerre de places. L'esprit de parti est le palliatif de l'amour de l'argent. Je ne sais quel gouvernement a cru le premier consolider son existence en agrandissant les cadres administratifs, en multipliant, compliquant les rouages. Jamais plus de facilité pour les renverse-mens de gouvernemens. Que de systèmes se sont succédés depuis 89! et cependant jamais systèmes ne s'étaient si fortement étayés de gens salariés, pensionnés, subventionnés, gratifiés, enrichis! c'est que les places, dignités, sinécures réveillent la cupidité; la convoitise prend le masque du patriotisme. Pour un titulaire il y a là dix aspirans avec des prétentions béantes, et qui se donneront au premier brouillon qui leur montrera jour à avoir la place. Voyez se ruer dans les ministères, affluer à Paris par toutes les diligences de France, ces légions de solliciteurs affamés de dévorer le fruit des exploits des ouvriers parisiens; et tout cela veut vivre aux frais des contribuables!

J'ai entendu des gens accommodans, qui voyaient possibilité de tout arranger : rien de plus facile, à les entendre, que d'indemniser les héritiers en titre avec des dédommagemens et des compensations. Alger serait une fiche de consolation pour le duc de Bordeaux, et la Grèce conviendrait merveilleusement au duc de Reichstadt.

Cela serait à merveille, si leurs partisans brûlaient d'une foi pure, s'ils les affectionnaient,

s'ils ne se trouvaient pas sous le charme d'une
arrière-pensée d'intérêt : Croyez-vous les Fitz-
James, les Cottu, les Martignac, et autres fai-
seurs de sentimentalité monarchique, disposés
à aller adorer, comme le grand Lama de la légitimité, Henri V sous les palmiers d'Afrique ?
Et les Barthélemy, les Étienne, les Jouy, tous
les prosélytes enfin du napoléonisme, sacrifie-
raient-ils à la douceur de servir *le fils de
l'homme* à Athènes ou à Argos, leur position
littéraire, leur dictature de journaux, leurs tri-
potages académiques ?

Mais, dit-on, nous avons besoin d'alliances politiques; l'Autriche est à nos portes, l'Autriche,
terre classique du bon plaisir et de la grâce divi-
ne, l'Autriche, formidable héritière du sceptre
des Césars romains, l'Autriche, enfin, qui,
avec la simplicité et le caractère patriarchal de son
empereur François, n'a pas occasion de faire de
l'opposition, et par conséquent ne grandit pas
en libéralisme; elle peut se croire la mission de
rétablir la légitimité bourbonienne en France.
Nos armées se feraient, nous le savons, un charme de déployer de nouveau, dans les fumées
des batailles, le vieil étendart de 92 ; mais enfin
mieux vaut un mauvais arrangement qu'un gain
complet, dit-on en matière de procédure comme

en guerre. Une alliance entre le petit-fils de l'empereur et une des filles du Roi des Français, nous débarrasserait de toute appréhension, et même la royauté d'élection gagnerait à cela bon nombre de partisans de Bonaparte.

Pour le moment, il est hors de doute que quelques Napoléonistes ne se réjouissent de cette union; mais peut-être l'avenir ne se féliciterait pas autant qu'on semble le croire de cette réhabilitation d'un compétiteur. Quant à la position de Louis-Philippe vis-à-vis des autres puissances, elle est tout aussi rassurante qu'on puisse le désirer. Nulle part de manifestations hostiles, partout le plus heureux empressement à reconnaître notre nouveau souverain. Charles X, en se parjurant, s'est aliéné l'amitié des plus chauds partisans de la sainte alliance; il n'est personne qui lui porte quelque intérêt. Les prêtres l'ont perdu, et l'éloignement des monarques de sa cause, montre que si les gouvernemens absolus ont la manie de vouloir sauver le trône par l'autel, la théocratie n'est cependant pas organisée dans les cours du nord comme on voudrait le faire accroire. Il n'y a qu'à y jeter un coup d'œil pour se convaincre des dispositions bienveillantes des rois pour Louis-Philippe, et de l'entier abandon dans lequel on laisse Charles X dans son exil.

TABLEAU

DES DISPOSITIONS

DES ROIS DE L'EUROPE

VIS-A-VIS

DE LOUIS PHILIPPE Ire, ROIS DES FRANÇAIS.

Il y a seize ans, les monarques de l'Europe, excédés des dérangemens, des tracasseries à eux suscitées par les Français, devenus le peuple le plus remuant du monde depuis la révolution de 89, avisèrent aux moyens de goûter de rechef le doux *far niente* de l'ancien régime. Avec Napoléon, il leur fallait sans cesse monter à cheval, mener une vie de bivouac ; c'était une cauonade de tous les jours : une fois pour toutes, ils résolurent de mettre fin à cet ordre de choses.

Pour éteindre complétement et l'esprit républicain et le napoléonisme qui en avait été la conséquence, ils se liguèrent par une alliance qu'ils décorèrent du nom de sainte. Cette union liberticide se dirigeait principalement contre les idées libérales ; c'était une compagnie d'assurance à l'usage des rois contre les insurrections :

droits d'intervention, d'extradition, ils ne se re-
fusèrent rien; et dès ce moment, le traité bien
signé et paraphé, ils se mirent à couler des jours
filés d'or et de soie.

Mais il n'est pas donné à l'esprit humain de
tout prévoir : les plus fortes têtes de la diplomatie, les Talleyrand, les Metternich, les Ester-
hazy, ne surent pas deviner l'écueil où allaient
échouer de si beaux desseins.

Le clergé avait fait cause commune avec la
noblesse et la royauté durant la révolution : de
communes spoliations les avaient unis; et, au
moment des jubilations où la contre-révolution
allait commencer ses joies, on ne pouvait pas
légalement en exclure les prêtres.

Les prêtres donc débordèrent dans le tempo-
rel, ils formèrent un corps politique dans l'Etat,
ils voulurent continuer à sauver le trône : c'est
justement ce qui l'a perdu !

La chaire évangélique n'est pas à la hauteur
du siècle. De là ces homélies écoutées ou avec
dédain ou avec esprit de parti. En outre de cela,
le pouvoir qu'affectèrent les ministres des autels,
les taquineries que, jusque sur la population des
villages, l'esprit prêtre ne discontinuait d'exer-
cer, tout cela aliéna plus que jamais les cœurs
des sujets.

Vint Charles X, qui, dominé d'un bigotisme sans exemple, donna plus de hardiesse que jamais aux hommes de Dieu : ce furent de furibondes déclamations contre le siècle ; le roi rendait le pain bénit, fréquentait les sacremens ; fiers d'un si auguste exemple, les prêtres se coléraient contre la France, qui ne voulait pas user de cette piété exemplaire, qui dédaignait les confessionaux et la sainte table.

Charles X vieillissant, c'est-à-dire s'asservissant de plus en plus au clergé, c'était un pieux *crescendo* de déclamations épiscopales et archiépiscopales dans tous nos départemens : cela alla au point que, les fatales ordonnances de juillet étant promulguées, ce fut un soulèvement général, une réaction complète admirable d'ensemble et d'harmonie.

Cependant les souverains de l'Europe, moins dévots de caractère que le roi des Français, moins obligés envers les prêtres que ne croyaient l'être nos princes réintégrés, ne partageaient pas toutes les joies de prie-dieu et de sacristie de Charles X.

Sans doute aussi ils n'avaient pas quotidiennement occasion de se laisser endoctriner d'arguties jésuitiques ; et, en raison de cela, ils n'étaient pas persuadés qu'un souverain qui avait juré le maintien des institutions de son peuple, pût en toute sûreté de confiance forfaire à sa parole et briser le pacte social. Aussi, en apprenant nos fameux coups d'état, ils ne purent s'empêcher de faire du libéralisme, de la contre-révolution. L'élévation du duc d'Orléans à la tête du gouvernement, les combla de joie.

Puissions-nous, en mettant sous les yeux du lecteur les opinions des souverains de l'Europe, lui donner cette sécurité que réclament les affaires !

RUSSIE.

On a quelques données sur la manière dont l'empereur Nicolas a reçu la nouvelle des affaires de Paris ; on savait déjà quelle était son opinion sur les Bourbons. Il pense comme son frère, qui, pressé un jour par le roi de Prusse de s'expliquer sur l'avenir des Bourbons, avait repondu :

« Vous voulez absolument que je m'explique : hé bien ! mon avis est que cette dynastie ne pourra jamais tenir en France, avec le cortége d'émigrés qui veut usurper l'influence et prétendre à tout. »

Nicolas ne cesse de répéter :

« J'avais toujours prévu la ruine de cette famille ; elle vient de justifier mes prédictions. »

Cependant quelques personnes s'inquiètent
de la levée de troupes ordonnées récemment
par l'empereur. Il suffit de connaître la teneur
de cet ukase, pour se convaincre des dispositions pacifiques du czar. Le voici, il est daté
du 17 août :

« Nous, Nicolas, par la grâce de Dieu, empereur et autocrate de toutes les Russies, etc.;
quoiqu'à l'aide du Tout-Puissant, la guerre
avec la Porte-Ottomane soit heureusement ter-
minée, et que notre chère patrie jouisse des
bienfaits désirés de la paix, il est néanmoins
indispensable que les pertes causées par les
suites inévitables de la guerre, et les maladies
qui en ont résulté, soient réparées, et qu'on
remplisse les vides produits par la sortie ordi-
naire des soldats qui ont fait leur temps, et de
ceux qui ont leur congé parce qu'ils ne sont
plus propres au service.

« Ces vides sont devenus d'autant plus consi-
dérables que dans les dernières années nous
avons accordé leur congé à d'anciens guerriers,
quoiqu'ils n'eussent pas encore achevé leur
temps de service.

« Jugeant nécessaire de porter nos armées et
nos flottes au complet qu'exige en temps de

paix leur organisation, nous avons résolu d'ordonner pour cette année une levée de recrues. Ce recrutement commencera le 13 novembre, et devra être terminé dans deux mois. »

AUTRICHE.

Johanisberg était depuis quelque temps la grande Camarilla de l'Europe : là, Metternich forgeait ses chaînes, et rédigeait cet excellent catéchisme à l'usage des Etats italiens, que l'on connaît. Mais l'empereur François a fait ses réflexions en nous voyant si justes et si braves.

« Non, non, a-t-il dit, je ne leur fais pas la guerre : j'ai trop éprouvé de peines avec les Français ; je ne veux pas recommencer avec eux, et susciter à ma vieillesse de nouveaux embarras. »

Dans une autre occasion, et devant l'ambassadeur de France, on l'a entendu dire :

« Je méprise les ministres qui ont renversé Charles X du trône par une infraction à la Charte qu'il avait solennellement jurée : le premier devoir d'un honnête homme, et surtout d'un souverain, est d'être fidèle à sa parole. Je plains le duc de Bordeaux, parce qu'il est innocent ; mais je ne me mêlerai en aucun cas de ses affaires. »

PRUSSE.

Un ordre du cabinet du roi de Prusse , adressé à l'autorité militaire de Cologne , portait ce qui suit :

« Les manœuvres d'automne auront lieu de la manière antérieurement prescrite. Les événemens qui ont eu lieu en France n'y exerceront aucune influence : la Prusse ne s'en mêle pas , et embrasse d'autant moins la cause du parti royal, que le roi de France ne pouvait violer le serment prêté à la Charte, et qu'il avait été averti plusieurs fois par la Prusse des suites inévitables qui résulteraient d'un coup d'état.

« En conséquence, il ne sera accordé aucun séjour aux réfugiés français : ceux qui s'y présenteraient devront évacuer le territoire dans les 24 heures.

« Ma volonté est que les habitans des provinces rhénanes n'éprouvent aucune entrave à la manifestation de leur opinion sur les affaires de la France. »

Ce qui rend cet ordre du roi de Prusse encore plus digne d'éloges, c'est qu'à l'époque où il le donna, il ne pouvait savoir l'heureuse issue de nos événemens ; mais il montre toujours sa loyauté et son horreur du parjure.

ANGLETERRE.

Dans un pays comme l'Angleterre, où le peuple est quelque chose, il n'est pas hors de propos de dire ce que Jonh Bull a éprouvé en apprenant notre révolution. La plus grande sympathie s'est manifestée pour nous : c'était de l'enthousiasme, c'était du délire ; le nom de Charles X n'était pas prononcé sans une escorte d'épithètes flétrissantes. Tous les clubs, les cafés étaient pleins ; et dès le premier jour, le peuple fut invité par des affiches colossales à contribuer, mais pour un penny (2 sols), à une souscription en faveur des blessés et des veuves et orphelins. Cette souscription a déjà produit plus de trois millions.

Quant à S. M. B. Guillaume IV, il s'est exprimé à l'égard de ces événemens, comme

on devait l'attendre d'un monarque constitutionnel.

« Charles X était mon ami, a-t-il dit; je le
plains, il a été trompé. Voilà ce que c'est que
d'être gouverné par des prêtres! »

Pendant quelques jours on aurait pu dire nos
couleurs nationales devenues celles des Anglais:
aux promenades, aux théâtres, ce n'étaient
que cocardes tricolores, nœuds de rubans tricolores.

A peine S. M. B. apprit-elle la proclamation
de Louis-Philippe Ier, roi des Français, qu'elle se
prit a dire :

« Les Français ont prouvé qu'ils savent vain-
cre, pardonner et prévenir tous les malheurs
de la guerre civile et étrangère. »

Il s'inscrivit sur le champ pour 200 livres
sterlings sur la souscription nationale pour nos
blessés.

Notre victoire paraît avoir anéanti totalement
la Sainte-Alliance. Le grand fabricateur lord
Wellington, après avoir correspondu avec son
ami Metternich, assembla le conseil des ministres, le 13 août, mais à l'exception de lord
Aberdeen, nul membre n'accéda à ses proposi-
tions de pondérer les puissances de l'Europe, à
la manière dont l'entend Sa Grâce.

Il s'est agi de la reconnaissance de Louis-

Philippe Iᵉʳ ; le parti aristocrate , qui ne voit qu'avec serrement de cœur prospérer chez nous l'esprit de réforme , a, par la voix de sir James Scarlett, élevé des embarras ; mais sir Burdett et lord Ellemborough l'ont emporté définitivement dans le conseil du 24.

Enfin le général Baudrand , chargé d'une lettre autographe de Louis-Philippe Iᵉʳ, au roi Guillaume IV, a rempli sa mission le 25. Il a été si touché de l'accueil qu'il a reçu, qu'il a sur-le-champ envoyé un courrier à Paris, pour témoigner la satisfaction qu'il a éprouvée.

C'est le 1ᵉʳ septembre que son excellence lord Stuart de Rothesay a remis au roi des Français, en audience particulière, les lettres de S. M. Britanique , qui l'accrédite à la cour de France , avec le caractère d'ambassadeur extraordinaire et plénipotentiaire.

Son excellence a été accompagnée et présentée au roi par M. le comte Molé, ministre des affaires étrangères.

ESPAGNE.

La nouvelle de notre révolution a surpris Ferdinand VII à Saint-Ildefonse, au milieu de ses joies de nouveau marié. Celui qui , frustrant l'espoir de ces braves Espagnols qui avaient si vaillamment combattu contre l'invasion française de 1808, 1809 et années suivantes, avait dispersé les Cortès , ne pouvait guère se réjouir de la vigoureuse leçon que nous venons de donner aux rois parjures ! Aussi , le 28 juillet, commença-t-il par faire lire aux volontaires royalistes une allocution dans laquelle il leur promettait monts et merveilles ; mais en même temps il leur insinuait de le bien défendre s'il était attaqué; de quoi furent grandement surpris les volontaires. Ferdinand VII ne pouvait encore savoir au 28 ce qui se passait en France ; mais ses relations avec le ministère français l'avaient mis au fait du coup d'état que l'on méditait, aussi n'était-il pas trop tranquille.

Cependant la faction apostolique apprit la publication des désastrueuses ordonnances , et rayonnante de joie , voyant le bon temps revenir, elle alla faire congratulations à la résidence royale de la Granja où réside son chef. A cette grande allégresse succéda bientôt la plus morne stupeur. Les ministres étaient d'une humeur massacrante. La camarilla fit arrêter tous les courriers qui venaient de France , et les dirigea sur Saint-Ildephonse.

Cependant le roi d'Espagne apprit la fuite de

son bien-aimé parent Charles X vers Cherbourg ;
il s'affligea vivement, faisant un triste retour
sur lui-même : ordre fut de rechef expédié aux
frontières de ne laisser entrer aucun journal ;
mais, ce nonobstant, les nouvelles transpiraient
en telle abondance, que bientôt des mouve-
mens se manifestèrent, on se para des rubans
de la constitution, les murs furent couverts de
placards patriotiques, et les maisons de Balles-
teros et autres ministres, tapissées de pasqui-
nades.

Des gardes royaux, dans la rue du *Duque-
d'Alva*, voulurent prendre fait et cause pour la
maison du ministre Calomarde que l'on habil-
lait de la sorte ; il s'en suivit une rixe, et elle ne
fut pas à l'avantage des royalistes.

Les miliciens du temps des cortès se joigni-
rent, à Torrejon à ceux du parti libéral, pour
aller à la Granjà s'emparer du roi.

Ferdinand VII voyant cela, assembla son
conseil pour savoir si l'on serait royaliste ou libéral ; le résultat fut pour ce dernier système :
en conséquence on se décida à donner son opinion sur les affaires de Paris, et la *Gazette offi-
cielle* en parla le lendemain, en l'appellant
révolution légale.

Le roi d'Espagne ne paraissait pas éloigné de
vouloir reconnaître le gouvernement français et

de concéder une constitution ; mais il a si sou-
vent trahi ses sermens que le peuple n'est pas
disposé à croire à ceux qu'il pourrait faire.

Enfin, des lettres du consul de France à Saint-
Sébastien, écrites en date du 30 août, annon-
çent que l'ordre était émané de la Granja d'ad-
mettre dans tous les ports d'Espagne les bâtimens sous pavillon tricolore.

SARDAIGNE.

On écrit de Chambery :

« Notre ville est tout à fait tranquille, grâce à
la prudence de notre roi Charles-Félix, qui s'est
montré presque constitutionnel dans cette cir-
constance. Quand on lui a annoncé les premières
affaires, il s'est écrié :

« Tant pis pour Charles ! puisqu'il avait pro-
mis, il devait tenir ; un roi n'a que sa parole. »

« Le gouverneur est allé lui demander quels
journaux il devait recevoir.

« Tous indistinctement, a-t-il répondu ; il
faut que le peuple sache tout. »

« Cela a tellement frappé d'abasourdissement
notre clergé et notre noblesse, qu'ils sont cons-

ternés. Deux ou trois archevêques français sont arrivés ici ; le roi les a très-mal reçus ; celui de Paris ne sort que la nuit. Malgré les événemens le roi va tous les soirs au spectacle. »

Parti de Chambéry, il arriva le 12 à Turin. Le bruit courait qu'il voulait s'en aller à Naples, et nommer une régence en la personne de Marie-Thérèse (Veuve de Victor-Emmanuel, dernier roi), et d'un certain Paolucci, qu'il fit généralissime de ses troupes. Mais frère d'un amiral au service d'Autriche : ce Paolucci ne plût pas à l'armée, qui protesta contre ce choix, et réclama le prince de Carignan.

Enfin, Sa Majesté Sarde prit le parti de reconnaître le pavillon tricolore ; tous les bâtimens du port de Gênes l'avaient arboré, et il aurait bien eu de la peine à le leur faire amener.

ROME.

A Rome la congrégation fut au comble de la joie des bienheureuses ordonnances du 25, ordonnances qui sauvaient une bonne fois l'autel et le trône. Cependant nombre d'hommes de bien et de cardinaux s'en affligeaient, à l'exception du cardinal Albani qui dit à l'ambassadeur français :

« Le ciel aidera le roi, et les Français rentre-ront dans l'ordre que le bon sens et la religion commandent. »

Le Pape assembla son conseil le 12 août ; il y fut décidé que sa Sainteté voyait avec chagrin les événemens survenus en France, mais qu'elle n'y savait que faire ; que d'ailleurs, comme il y avait de la faute de son bien-aimé fils aîné le roi très-chrétien, on était très-disposé à reconnaître le nouvel état de choses.

La propagande n'a pas été du tout satisfaite de cela.

NAPLES.

Le roi de Naples rentrait dans sa capitale le jour même qui précédait la victoire des Parisiens sur le despotisme. On croyait S. M. Sicilienne malade ; cependant le 31 juillet, la famille royale alla au théâtre San-Carlo.

Naples est vraiment sur un volcan ; des insur-rections éclatent à Saverne, à Aversa. Les minis-tres sont sans confiance dans le corps d'artillerie ; on a eu beau changer les régimens, et faire venir ceux de Capoue, rien n'y fait ; les Suisses eux-mêmes, découragés par le sort de leurs frères de Paris, désertent ou refusent de faire le service.

Mais on attend beaucoup de la lettre que sa majesté la reine des Français a écrite à son frère le roi de Naples, pour l'engager à donner une constitution à son peuple.

Et ce bon dey d'Alger, qui fume tranquillement sa chibouque à la maison de plaisance de Monte-Cavallo, aux environs de Naples, qu'a-t-il dit en apprenant la déchéance de celui que dans ses stipulations dernières il appelait le victorieux Charles X?

« Dieu est grand! s'est-il écrié. Charles X m'avait détrôné, les Français l'ont détrôné lui ; » et il s'est remis tranquillement à fumer sa pipe.

FIN.

Imprimerie de Roussin.